Filosofía de vida nórdica

-Equilibrio entre lo simple y lo moderno-

Alexander Rosacruz

Editorial Anuket

Índice:

Capítulo 1
¿Qué es la filosofía de vida?

Una filosofía de vida es un conjunto de creencias, valores y principios que guían la forma en que vivimos nuestras vidas. Puede incluir ideas sobre el propósito de la vida, la forma en que debemos tratar a los demás y cómo debemos enfrentar los desafíos y las decisiones importantes. Una filosofía de vida puede ser influenciada por la cultura, la religión, nuestras experiencias de vida y otros factores externos. Algunas personas tienen una filosofía de vida muy definida y consciente, llevándola a un lugar central e importante; practicando los rituales pertinentes y rechazando los extraños (hasta límites extremos); mientras que otras pueden tener una filosofía más inconsciente o no tan definida, que a veces es el resultado de una adaptación a las costumbres de su entorno.

Tener una filosofía de vida puede ayudarnos a darnos dirección y a tomar decisiones en nuestro devenir diario y a vivir de acuerdo con nuestros valores y principios.

Por su parte, una filosofía de vida de un pueblo o país puede ser influenciada por muchos factores, como la cultura originaria o la influencia externa, la religión, la historia y el sincretismo (unión con otras culturas). Algunos pueblos o países pueden tener filosofías de vida más colectivas, en las que la comunidad y la colaboración son valores importantes. Otros pueden tener una filosofía más individualista, en la que se valora la independencia y la autonomía. También puede haber diferencias en la forma en que se entiende el propósito de la vida y en la forma en que se enfrentan los desafíos y se toman las decisiones. Es importante tener en cuenta que una filosofía de vida de un pueblo o país no necesariamente se aplica a todos los individuos de ese pueblo o país y que puede haber una gran variedad de filosofías de vida entre las personas de un mismo territorio, por ejemplo, pueden convivir sin mayores inconvenientes: ateos, creyentes y agnósticos.

Ejemplos de filosofías de vida

Es difícil determinar cuál es la "filosofía de vida más exitosa" en la historia, ya que el éxito puede ser medido de muchas maneras diferentes y puede ser subjetivo. Algunas filosofías de vida que han sido consideradas exitosas y que todavía perduran son:

El stoicismo: El stoicismo es una filosofía de vida que se originó en Grecia y que se basa en la idea de que debemos controlar nuestras emociones y nuestras reacciones ante los eventos externos. Los estoicos creían que debemos aceptar lo que no podemos dominar y enfocarnos en lo que sí podemos controlar.

El budismo: El budismo es una filosofía de vida que se basa en la idea de liberar a uno mismo del sufrimiento a través de la práctica de la meditación y la compasión. Los budistas creen que el sufrimiento es causado por nuestros deseos y expectativas y que podemos liberarnos del sufrimiento al liberarnos de estos deseos.

El taoísmo: El taoísmo es una filosofía de vida que se basa en la idea de que debemos seguir el camino del tao, un camino natural y armónico. Los taoístas creen que debemos vivir en armonía con la naturaleza y con nosotros mismos y que debemos seguir un camino de simplicidad y humildad.

El humanismo: El humanismo es una filosofía de vida que se basa en la idea de que el ser humano es el centro de todo y que debemos enfocarnos en su potencial y bienestar.

Los humanistas creen en la importancia de la razón, del conocimiento, y en la necesidad de desarrollar el potencial individual y colectivo. También valoran la dignidad y la libertad del ser humano y creen en la importancia de la responsabilidad social y en la necesidad de contribuir a la comunidad y al mundo. Los humanistas también valoran la creatividad y la expresión artística, creyendo también en la importancia de la empatía y la compasión. En general, los humanistas se centran en el ser humano y en cómo podemos vivir de forma más plena y significativa.

¿Es posible modificar una filosofía de vida

Si bien somos seres de costumbres, y nos cuesta aceptar los cambios que implican salirnos de nuestra zona de confort, también es cierto, que somos seres disconformes y evolutivos, que nos ha llevado a renegar de las cuevas y vivir en un presente repleto de edificios.

Por lo tanto, sí es posible cambiar una filosofía de vida por otra que aparece como más deseable. Esto puede ser un proceso personal y seguramente requiere reflexión y la toma de decisiones conscientes. Algunos posibles puntos a favor de cambiar de filosofía de vida incluyen:

• **Mayor satisfacción**: Si su filosofía de vida actual no le está proporcionando la satisfacción que desea, cambiar de filosofía puede ayudarle a encontrar un enfoque que se sienta más coherente y significativo para usted.

• **Mayor claridad**: Cambiar de filosofía de vida puede ayudarle a tener una mayor claridad sobre lo que es importante para usted y cómo quiere vivir su vida.

• **Mayor flexibilidad:** También puede darle mayor flexibilidad que le permitirá adaptarse a nuevas situaciones y circunstancias.

Algunas posibles contras que pueden aparecer al intentar cambiar de filosofía de vida incluyen:

• **Incertidumbre:** Cambiar de filosofía de vida puede ser incierto y requerir que se adapte a nuevas formas de pensar y de vivir, para las que no está preparado ni tiene las herramientas físicas ni emocionales para aceptarlas.

• **Desafío:** Puede ser desafiante y requerir que haga cambios significativos en su vida, tales como abandonar su actual trabajo, régimen de comidas o bebidas, o alejarse de sus seres queridos, que pueden o no aceptar las modificaciones que está promoviendo en su vida.

• **Pérdida de conexión**: Cambiar de filosofía de vida puede hacer que se sienta desconectado no solo de personas o grupos con los que compartía una filosofía de vida similar; sino también de usted mismo, al sentir el contraste con su pasado.

En última instancia, la decisión de cambiar de filosofía de vida depende de su situación individual y de lo que sienta que es lo mejor.

El mundo está cambiando ¿Hacia dónde se dirige?

Algunas características y desafíos para el ser humano en el siglo XXI incluyen:

Cambio constante: Vivimos en un mundo en constante cambio y evolución, lo que puede ser desafiante para adaptarnos y mantenernos al día.

Mayor conectividad: Las tecnologías de la información y la comunicación han aumentado la conectividad y la globalización, lo que puede presentar desafíos para mantener relaciones y comunicaciones saludables. Las redes sociales que se han mostrado como la "panacea" de las relaciones humanas, han demostrado su lado oscuro, exacerbando egos, multiplicando críticas desde el anonimato, creando estándares inalcanzables, y minimizando el valor del esfuerzo, el sacrificio, el trabajo, o el cultivo del intelecto, por la búsqueda de like, seguidores anónimos y la fama instantánea.

Mayor diversidad: El siglo XXI ha visto un aumento en la diversidad cultural y de género, lo que puede presentar desafíos para comprender y aceptar a otros que son diferentes a nosotros.

Mayor presión: Puede haber una mayor presión para tener éxito y cumplir con ciertas expectativas, tanto en el ámbito laboral como en la vida personal.

Mayor conciencia: El siglo XXI ha visto un aumento en la conciencia sobre cuestiones sociales y ambientales, lo que puede presentar desafíos para encontrar formas de contribuir y de ser responsables.

Mayor opción: Hay una mayor cantidad de opciones y elecciones disponibles en el siglo XXI, lo que puede ser desafiante para tomar decisiones y encontrar una dirección en la vida.

¿En quién recaen los desafíos del Siglo 21?

Las generaciones suelen ser definidas por los años en que las personas nacen y pueden tener características comunes en términos de experiencias y perspectivas. Aunque es importante tener en cuenta que estas definiciones son aproximadas y que cada persona es única, algunas de las características comunes que se han asociado con las generaciones incluyen:

• **Generación X**: Los miembros de la Generación X son aquellos que nacieron entre 1965 y 1980. Se les ha asociado con una mayor independencia y una menor confianza en las instituciones tradicionales. Por lo general, son los jefes de las grandes corporaciones, gobernantes y hasta abuelos en la actualidad.

• **Millennials** (también conocidos como Generación Y): Los millennials son aquellos que nacieron entre 1981 y 1996. Se les ha asociado con la etapa de la ruptura tecnológica, del paso de lo analógico a lo digital. Son los que sienten la necesidad de una mayor necesidad de equilibrio entre la vida laboral y personal.

• **Centennials** (también conocidos como Generación Z o Gen Z): Los centennials son aquellos que nacieron entre 1997 y 2012. Se les ha asociado con una mayor conectividad y un uso avanzado de la tecnología, una mayor diversidad y una mayor conciencia social y ambiental.

Es importante tener en cuenta que estas características son aproximadas y que no se aplican a todas las personas de una misma generación. Además, hay muchas otras generaciones y cada persona es única y tiene sus propias experiencias, perspectivas y filosofía de vida.

Capítulo 2
Filosofía de vida nórdica

Los países nórdicos son Dinamarca, Finlandia, Islandia, Noruega y Suecia. También se incluyen en esta categoría a las islas Feroe (pertenecientes a Dinamarca) y Groenlandia (bajo la administración de Dinamarca, aunque es autónoma). Estos países tienen algunas características en común, como un clima frío y una historia vikinga, y suelen exhibir modelos de democracias avanzadas y sociedades altamente desarrolladas.

Los vikingos

Los vikingos eran un pueblo guerrero y aventurero que vivía en las regiones escandinavas durante la Edad Media. Su filosofía de vida estaba marcada por su cultura y sus creencias religiosas, y estaba orientada hacia la honorabilidad, la fuerza y la lealtad. Los vikingos creían en la importancia de llevar una vida valiente y digna, y de dejar un legado duradero a través de sus acciones y hazañas. También valoraban la lealtad a la familia, a la tribu y a los amigos, y se esperaba que los hombres fueran valientes y protectores de sus seres queridos. La muerte en batalla era considerada una muerte honorable y se creía que llevaba al difunto a Valhalla, el hogar de los guerreros vikingos en la mitología nórdica.

Además de su filosofía guerrera, los vikingos también tenían una gran apreciación por la naturaleza y la caza. La caza y la pesca eran importantes fuentes de alimento y también eran consideradas actividades nobles y dignas. Los vikingos también eran conocidos por su habilidad para la artesanía y el trabajo con el metal, y se creía que estas habilidades eran regalos de los dioses.

Legado vikingo

No solo nos apasionan las historias vikingas, sino que su modo de mirar la vida ha perdurado por siglos, dejándonos consejos sabios que podemos utilizar en pleno siglo 21.

Los nórdicos se basaron en una serie de moralejas inspiradas en las Eddas (una colección de historias mitológicas nórdicas), para construir y establecer los valores que debía portar un guerrero vikingo. Ellos son:

1. Coraje

Es la virtud más importante, no porque se vaya a la guerra, sino porque es necesario en la vida cotidiana. Un hombre valiente, no sólo es el que empuña la espada, sino también el que se atreve a defender sus ideales, aun cuando puedan ser criticados o insultados.

2. Verdad

La honestidad y el coraje van de la mano. Los seguidores de Ásatrú (Ásatrú es la recreación y unificación moderna del paganismo germánico del centro y norte de Europa. Está reconocida oficialmente por Islandia, Noruega, Dinamarca, Suecia y España) siempre deben decir la verdad, aunque tenga consecuencias dolorosas. Una persona es honorable si es honesta consigo misma y con los demás.

3. Honor

Un hombre que vive con dignidad es un hombre que no se arrepiente cuando llega el final. Se trata de las acciones que ha tomado en su vida y cómo esas acciones afectan a los demás. Esta virtud trasciende la vida de uno, y cuando se desvanece, los demás la recuerdan, por eso es tan necesario conservarla.

4. Lealtad

La lealtad no es sólo no engañar a su pareja, sino también la lealtad a los amigos y los valores que se defienden. Significa ser fiel a aquellos a quienes amamos y en quienes confiamos.

5. Disciplina

Ser honesto, recto y leal requiere la disciplina necesaria para mantenerse en el buen camino. Ser una persona moral no es fácil, requiere trabajo duro y coraje. Puede ser difícil, pero elegir a aquellos que se alinean con nuestros valores es más importante que elegir el camino más fácil.

6. Hospitalidad

En la antigua Escandinavia, se creía que los dioses viajaban por el mundo disfrazados de humanos, razón por la cual la hospitalidad es tan importante. Nunca se sabe lo que se recibirá o a quien en el hogar.

7. Diligente

La virtud de la diligencia significa estar comprometido con lo que se hace, pero no se limita a los profesionales. En la vida, como en el trabajo, Ásatrú dice que debemos darlo todo. Ser conscientes de nuestras responsabilidades y nuestras elecciones. Diligencia significa vivir la vida al máximo, siempre trabajando para alcanzar las metas y ser lo mejor que se pueda ser.

8. Autonomía

Es importante respetar nuestras creencias, ya sean divinas o terrenales, pero también respetarse uno mismo. Ásatrú pone gran énfasis en la responsabilidad personal, y los dioses recompensan no a los que rezan, sino a los que demuestran ser dignos. Por esta razón, los devotos no se arrodillan durante las ceremonias religiosas.

9. Perseverancia

Adoptar todas estas virtudes en la vida no es fácil y requiere esfuerzo y constancia. Estas virtudes nos enseñan a seguir intentándolo hasta lograrlo, a no dejar que el fracaso nos impida alcanzar nuestras metas y a no dejar que lo que piensen los demás nos desmotive. Enfrentados a un clima severo y enemigos mortales, los vikingos exploraron áreas de un mundo previamente desconocido que nunca hubiera sido posible si no hubieran perseverado.

¿Por qué se considera que la mitología nórdica es un ejemplo a seguir como filosofía de vida?

Parece ello paradójico, porque la mitología nórdica y las costumbres vikingas contienen historias de sangre y brutalidad.

Además, los vikingos eran despiadados y se caracterizaban por ser salvajes que solo comían, peleaban y luchaban

Pero, ¿y si empezamos a pensar en su manera filosófica de ser, considerando no solo su devoción a los dioses? "Luchar para ganar el Valhalla" es una frase con la que estaban muy familiarizados en su vida diaria. Se les había enseñado, desde la infancia, que debían morir heroicamente en la batalla para llegar al reino de Odin. Pero más que un mito, simbolizaba no tenerle miedo a la muerte y darlo todo, no escapar de ella, sino de celebrarla, e irónicamente, vivir al máximo, alejándose de aquellos que se limitan por tenerle miedo al fin de sus vidas

Olvidarse de morir es la mentalidad de "si sucede, sucederá", pero ellos, además, se protegían en la batalla, intentando no morir, haciéndonos entender que se tiene que hacer lo que uno desea, sin miedo, pero si, con cuidado.

Otro concepto que honraron fue el de la reciprocidad. En vez de volverse hacia sus dioses para pedirle cosas de manera pasiva, y esperando el milagro, ellos les erigieron esculturas, y tomaron sus nombres para dárselos a sus hijos, en búsqueda de ayuda o protección, pero siempre ofreciendo algo a cambio, entendiendo que tomar es dar, no esperaban nada a cambio de nada, por lo que no eran egoístas.

"Ragnarök" es una palabra de la mitología nórdica que se refiere al fin del mundo, a un gran cataclismo que se cree que destruirá el universo tal como lo conocemos y que traerá una nueva era de paz y prosperidad. Según la mitología nórdica, durante Ragnarök, los dioses y los monstruos lucharán en una batalla final, y muchos de ellos morirán. Al final de la guerra, el mundo será destruido y luego reconstruido, y solo algunos de los seres más poderosos sobrevivirán para comenzar una nueva era.

En la mitología nórdica, se creía que Ragnarök era un evento inevitable y que estaba predestinado a suceder. Los vikingos no temían a Ragnarök, sino que lo veían como una oportunidad de morir valientemente en batalla y de llegar a Valhalla, el hogar de los guerreros vikingos. Para ellos, morir en batalla era la manera más honorable de perder la vida y se consideraba una forma de participar en la gran batalla final de Ragnarök.

Esto nos conduce que todo juego que finaliza se reinicia, lo que significa que después de que termina cala batalla en la vida real, cuando se cree que todo está perdido, es hora de levantarse de nuevo, y volver a intentarlo.

Por lo tanto, la filosofía nórdica, más que aventuras de hombres altos y rubios, de cuerpos musculosos y de hachas en mano, nos provee una serie de enseñanzas que han perdurado hasta nuestros días y que seguramente marcan la idiosincrasia de los pobladores nórdicos.

Los países escandinavos en la actualidad

Los países nórdicos (Dinamarca, Finlandia, Islandia, Noruega y Suecia) tienen algunas características sociales comunes, tales como:

Alta calidad de vida: Estos territorios tienen una alta calidad de vida y son considerados algunos de los mejores lugares del mundo para vivir. Tienen una economía fuerte y estable, un alto nivel de educación y una amplia gama de servicios públicos de alto nivel, como la atención médica y el transporte.

Bienestar social: Poseen un sistema de bienestar social muy desarrollado y se esfuerzan por garantizar que todos sus ciudadanos tengan acceso a los servicios esenciales como la alimentación adecuada, la educación y la atención a la vejez.

Igualdad: Los países nórdicos tienen una alta igualdad de género y de clase, y se esfuerzan por promover la equidad de oportunidades para todos sus ciudadanos.

Democracia: Los países nórdicos son democracias parlamentarias y tienen una larga tradición de gobiernos transparentes y responsables.

Inclusión: Se esfuerzan por ser inclusivos y por promover la integración de los inmigrantes y otras minorías en la sociedad.

Atención médica universal: Tienen un sistema de atención médica universal y de alta calidad, que es financiado por impuestos y ofrece atención médica a todos los ciudadanos sin importar su estatus socioeconómico.

Trabajo y vida familiar equilibrados: También son conocidos por tener políticas públicas que fomentan el equilibrio entre el trabajo y la vida familiar, como licencias parentales generosas y una amplia red de guarderías y de cuidado infantil.

Naturaleza y medio ambiente: Son países con una gran riqueza natural y son reconocidos por tener una fuerte conciencia ambiental. La protección del medio ambiente es una prioridad para sus gobiernos y la sociedad en general.

Cultura de la moderación: Poseen filosofías de vida propias, como la denominada "Lagom", que se basa en la moderación y el equilibrio. Esto se refleja en la forma en que los ciudadanos viven y consumen, y también se aplica a la forma en que se relacionan con los demás.

Por su parte, es difícil hablar de una sola filosofía de vida nórdica, ya que cada persona en los países nórdicos puede tener su propia forma de ver el mundo y de enfocar su vida. Sin embargo, algunas características comunes que se pueden encontrar en la cultura y en la sociedad de los países nórdicos incluyen:

Valoración de la individualidad: Los países nórdicos valoran la individualidad y la independencia de cada persona y se espera que cada individuo sea responsable de su propia vida y de sus propias decisiones.

Valoración del tiempo libre: Estos países tienen una alta calidad de vida y valoran el tiempo libre y la recreación. Estructuran sus políticas de estado para que las personas tengan tiempo para disfrutar de sus pasatiempos y de la naturaleza.

Valoración del trabajo y el esfuerzo: Estos territorios siempre se han caracterizado por tener una economía fuerte y una sociedad altamente trabajadora, con la firme esperanza que las personas se comprometan, avancen y trabajen duro. Al mismo tiempo, también valoran el equilibrio entre el trabajo y la vida personal.

Valoración de la igualdad: Como hemos dicho en el apartado anterior, los países nórdicos tienen una alta igualdad de género y de clase y se esfuerzan por promover la igualdad de oportunidades para todos sus ciudadanos.

Valoración de la responsabilidad social: Así mismo, tienen un sistema de bienestar social muy desarrollado, y apuestan a que las personas sean responsables y contribuyan a la sociedad de alguna manera.

Capítulo 3
Diversas filosofías
de vida nórdicas

Hay varias filosofías de vida que son comunes en los países escandinavos, algunas de ellas son:

- Lagom
- Higge
- Friluftsliv
- Jantelagen
- Fika
- Kos

1.   Lagom

Esta filosofía se basa en la moderación y el equilibrio, y se refleja en la forma en que las personas viven y consumen en los países nórdicos. La palabra lagom se puede traducir como "justo lo suficiente" o "ni demasiado ni demasiado poco". (La abordaremos en profundidad en el capítulo 4).

2.   Hygge

La filosofía Hygge se originó en Dinamarca, y se basa en el disfrute de las cosas simples de la vida y en la creación de un ambiente cálido y acogedor. Algunas características de la filosofía Hygge incluyen:

Simplicidad: Hygge se basa en el disfrute de las cosas simples y en la eliminación de lo innecesario. Esto puede incluir reducir la acumulación de cosas y enfocarse en lo esencial.

Conexión: Se basa en la importancia de la conexión con los demás y con uno mismo. Esto puede incluir pasar tiempo con amigos y familiares, o simplemente disfrutar de la soledad.

Calidez: Se centra en la creación de un ambiente cálido y acogedor. Esto puede incluir utilizar luces cálidas, velas y ropa de abrigo para crear un ambiente confortable.

Presente: Se trata de estar presente y disfrutar del momento. Esto puede incluir desconectarse de los dispositivos electrónicos y disfrutar de actividades simples y relajantes.

Gratitud: Hygge se basa en la gratitud y en apreciar las cosas simples de la vida. Esto puede incluir expresar beneplácito por las cosas que tenemos y disfrutar de lo que la vida nos ofrece.

Algunas formas en las que se puede aplicar la filosofía Hygge incluyen:

Crear un ambiente confortable: Utilice luces cálidas, velas y ropa de abrigo para crear un ambiente cálido y acogedor en su hogar o en su lugar de trabajo.

Disfrutar de actividades simples: Disfrute de actividades simples y relajantes, como leer un libro, tomar un baño caliente o preparar una comida deliciosa.

Pasar tiempo con amigos y familiares: Tome el tiempo para pasar tiempo con amigos y familiares y disfrutar de la compañía de los demás.

Desconectarse de los dispositivos electrónicos: Trate de desconectarse de los dispositivos electrónicos (TV, radio, redes sociales) y disfrutar del momento presente.

Apreciar las cosas simples: Aprecie las cosas simples de la vida y exprese gratitud por ellas. Como dice el eslogan "En las cosas pequeñas está el verdadero sabor de la vida".

La filosofía Hygge se ha vuelto cada vez más popular en los últimos años y se ha extendido más allá de Dinamarca. Muchas personas encuentran que la filosofía Hygge les ayuda a sentirse más relajados y conectados con sus seres queridos y con ellos mismos.

3.   Friluftsliv

Esta filosofía se basa en la conexión con la naturaleza y en la importancia de pasar tiempo al aire libre. La palabra friluftsliv se puede traducir como "vida al aire libre" o "vida en el exterior".

La filosofía Friluftsliv se originó en Noruega y se refiere a la conexión con la naturaleza y a la importancia de salir del encierro del hogar o del trabajo. Algunas características de la filosofía Friluftsliv incluyen:

Conexión con la naturaleza: Esto puede incluir actividades al aire libre como caminar, correr, hacer senderismo o acampar.

Salud y bienestar: Friluftsliv se basa en la idea de que pasar tiempo al aire libre puede mejorar la salud y el bienestar. Esto puede incluir ejercitarse al aire libre, respirar aire fresco y disfrutar de los beneficios de la luz del sol.

Experiencias únicas: Se basa en la idea de que pasar tiempo al aire libre puede ofrecer experiencias únicas y emocionantes. Esto puede incluir explorar lugares nuevos o hacer actividades al aire libre como rafting o esquí.

Apreciación de la belleza natural: Se centra en la importancia de apreciar la belleza natural y el paisaje al aire libre. Esto puede incluir tomar el tiempo para admirar el paisaje y disfrutar de la belleza de la naturaleza.

Respeto por el medio ambiente: Friluftsliv se orienta hacia el respeto por el medio ambiente y en la importancia de protegerlo. Esto puede incluir hacer elecciones sostenibles al realizar actividades en la naturaleza y respetar la naturaleza al visitar lugares al aire libre.

Aquí hay algunos consejos para llevar una vida Friluftsliv:

Salga caminar o practique senderismo: Salga a caminar o a hacer senderismo regularmente para conectarte con la naturaleza y mejorar su salud y bienestar.

Explore nuevos lugares al aire libre: Explore nuevos lugares al aire libre y disfrute de las experiencias únicas que ofrecen.

Tome el tiempo para admirar el paisaje: Tome el tiempo para detenerse y admirar el paisaje y la belleza natural que le rodea.

Haga elecciones sostenibles al realizar actividades al aire libre: Elija equipamiento y ropa sostenibles y respete el medio ambiente al realizar dichas actividades.

Disfrute de actividades al aire libre con amigos y familiares: Comparta sus experiencias al aire libre con amigos y familiares y disfrute de la compañía de los demás.

Encuentre una actividad al aire libre que le guste: Encuentre una actividad al aire libre que le guste y hágala parte de su rutina regular.

Aprenda sobre el medio ambiente y cómo protegerlo: Aprenda sobre el medio ambiente y cómo puede ayudar a protegerlo, especialmente al realizar actividades al aire libre.

4.   Jantelagen

Esta filosofía que se originó en Dinamarca se basa en la idea de que todas las personas son iguales y que nadie debe ser considerado más importante o más exitoso que los demás. La palabra jantelagen se puede traducir como "ley de Jante", que se refiere a un conjunto de 10 reglas que se cree que son comunes en la cultura escandinava.

Algunas características de la filosofía Jantelagen incluyen:

Igualdad: Jantelagen se basa en la idea de que todas las personas son iguales y que nadie debe ser considerado más importante o más exitoso que los demás.

Humildad: Se basa en la humildad y en la importancia de no presumir de sus logros o de su estatus.

Solidaridad: Se centra en la solidaridad y en la importancia de trabajar juntos en lugar de competir.

Responsabilidad social: Jantelagen se basa en la responsabilidad social y en la importancia de contribuir a la comunidad y a la comunidad.

Respeto: Jantelagen se basa en el respeto y en la importancia de tratar a los demás con amabilidad y consideración.

Modestia: Tiene en cuenta la modestia y la importancia de no presumir de los logros o de las posesiones.

Trabajo duro: Jantelagen se basa en la importancia del trabajo duro y en la necesidad de esforzarse para alcanzar las metas.

Aquí hay algunos consejos para seguir la filosofía Jantelagen:

Trate a todos con respeto: Trate a todas las personas con respeto, independientemente de su estatus o posición.

Sea humilde: No presuma de sus logros, de su estatus o posición laboral, mantenga una actitud humilde.

Ayude a su comunidad: Contribuya con su comunidad y a la sociedad de alguna manera, ya sea a través de voluntariado o de otras formas de apoyo.

Trabaje duro: Esfuérzate por alcanzar tus metas y trabaja duro para lograrlas. El éxito es un camino repleto de fracasos, intentos y adquisición de experiencia.

Sea modesto: No presuma de sus logros o de sus posesiones y mantenga una actitud modesta.

Colabore en lugar de competir: Trabaje junto con otros en lugar de competir con ellos.

Aprenda de los demás: Aprenda de los demás y reconozca la contribución que otros hacen a la comunidad.

No se creas más importante que los demás: Recuerde que todas las personas son iguales y nadie debe ser considerado más importante o más exitoso que los demás.

Respete las normas y las leyes: Respete las normas y las leyes y trate a los demás con consideración y respeto.

5.   Fika

Esta filosofía se originó en Suecia, y se basa en la importancia de tomarse un tiempo para relajarse y disfrutar de una taza de café o té con amigos o compañeros de trabajo. La palabra fika se puede traducir como "tomar un descanso" o "tomar una pausa".

Algunas características de la filosofía Fika incluyen:

Relajación o descando: Fika se basa en la importancia de tomarse un tiempo para relajarse y disfrutar de un momento de placer (sencillo o extravagante).

Conexión: Fika se centra en la importancia de la conexión con los demás y en el disfrute de la compañía de otros.

Apreciación de la vida: Fika se basa en la importancia de apreciar la vida y de disfrutar de lo que nos ofrece.

Gratitud: Fika se basa en la gratitud y en la importancia de expresar agradecimiento por las cosas que tenemos.

Disfrute de las cosas simples: Fika se basa en el disfrute de las cosas simples de la vida y en la eliminación de lo innecesario.

Aquí hay algunos consejos para seguir la filosofía Fika:

Tome un descanso: Programe un tiempo para tomar un descanso y disfrutar de las pequeñas cosas que le ofrece la vida como contemplar una puesta del sol, sentir la brisa fresca o tomar un té de hierbas.

Reúnase con amigos o compañeros de trabajo: Júntese con amigos o compañeros de trabajo y disfrute de la compañía de los demás.

No sea consumista: No se deje llevar por el impulso a que lo llevan las publicidades. La felicidad no es como ellas lo pintan. No necesita de tal marca de desodorante para que le "cambie la vida".

Aprecie la vida: Toma el tiempo para apreciar la vida y lo que nos ofrece. Exprese gratitud por las cosas que tiene y por las personas que le rodean.

Relájese: Tómese un relax y disfrute del momento sin preocupaciones ni estrés.

Desconecte: Trata de desconectarse de los dispositivos electrónicos y de disfrutar de la compañía de los demás.

Haz de Fika una parte regular de tu vida: Trate de hacer de Fika una parte regular de su vida y disfrute de estos momentos de relajación y conexión con los demás.

6.   Kos

Es el estilo de vida noruego que hace feliz a las personas, apostando a evitar la soledad y a cambiarla por reuniones frecuente con personas queridas.

Esta filosofía propone pasar una tarde de invierno con una taza de café caliente junto a la chimenea, admirar la aurora boreal en la naturaleza o simplemente disfrutar de un plato de comida recién preparada. Los pequeños detalles que brindan momentos de felicidad son la base de kos, que se contrapone al veloz estilo de vida occidental.

El término "kos" se hereda del danés hygge y del sueco lagom, y según el escandinavo gökotta, el término proviene de la palabra koselig y se refiere a la sensación de bienestar y protección que se siente cuando se está en contacto con la naturaleza y se admira la vista.

Pero la gran diferencia entre esta y otras corrientes que abogan por disfrutar de las pequeñas cosas de la vida, es que todas estas experiencias solo se deben entender en compañía de los demás.

Las características ambientales y meteorológicas de los países nórdicos, las estaciones repentinas y las noches de 16 horas hacen que la gente se reúna más a menudo. La amistad es fundamental en el estilo de vida norteño, que se esfuerza por vivir una vida menos pretenciosa, centrándose en las pequeñas alegrías y los momentos que nos hacen verdaderamente felices. Esta nueva tendencia también tiene en cuenta la ecología, ya que es un recordatorio constante de que debemos cuidar la naturaleza, así como a nuestros colegas y amigos.

En su día a día, esta nueva filosofía es muy fácil de aplicar y complementa a la perfección otras filosofías como Ikigai (El Ikigai o "razón de ser" es el motivo por el que se despiertan felices cada mañana. Una filosofía milenaria japonesa donde cada individuo fluye de manera natural en su rutina diaria, trabaja con la máxima concentración sin estrés y alcanza una estabilidad emocional plena) o jólabókaflód (es una práctica de Islandia, referida a la publicación de nuevos libros en las semanas previas a las fiestas de Navidad). Comprar una chaqueta hecha a mano, disfrutar del sol primaveral sobre su piel en compañía de su mejor amigo, dar un paseo por el campo con su pareja o degustar la comida favorita de su abuela, son los momentos en los que creemos que encontrará el clave para la felicidad completa.

Kos es un estilo de vida que tiene muchos beneficios para su salud. Además de reducir los niveles de estrés y ver lo positivo en la vida cotidiana, pasar tiempo en la naturaleza puede mejorar su bienestar general al reducir la cantidad de pensamientos negativos en su mente. Del mismo modo, disfrutar de una bebida caliente aumenta la generosidad, mientras que una noche en pareja a la luz de las velas sobre mantas y un sofá promueve una sensación de relajación y estimula la creatividad, según un estudio de la Universidad de Yale.

Capítulo 4
Filosofía Lagom

Si viaja a Suecia vivirá una experiencia extraordinaria. Descubrirá no solo una historia y paisajes maravillosos dignos de unas vacaciones, sino también a sus habitantes que señalan una forma de vida que se está extendiendo como un reguero de pólvora por todo el mundo.

Los suecos son personas tranquilas, se mueven lentamente y parecen felices, como si tuvieran un control total sobre el tiempo. Este estado de perfección se manifiesta en todos los aspectos de la vida de esta nación, que muestran un deseo de realizarlo, desde las actividades diarias hasta la forma de gobernar, pasando por la moda, la alimentación y la salud. Literalmente todo impregna el principio LAGOM "ni más, ni menos, lo suficiente". Cosas como el ejercicio, la nutrición, la salud mental y física y un estilo de vida saludable en general no solo se toman con moderación, sino en cantidades ideales.

Los suecos se han apegado a esta filosofía y la ven como lo más parecido a la estabilidad a largo plazo, a la salud, a la felicidad y a una vida equilibrada. Aunque LAGOM es una filosofía puramente sueca y no debe confundirse ni equipararse con tendencias o fases anteriores, muchas de sus ideas se pueden aplicar a cualquier cosa, sin importar en qué país se viva.

Inicialmente, LAG era solo un concepto escandinavo, pero recientemente la idea se ha extendido fuera de

Suecia y se ha puesto de moda. El nuevo concepto de "internacionalización" de LAGOM es un plan que atraviesa todos los rincones de la vida de las personas y no tiene nada que ver con la austeridad y las restricciones.

La palabra "LAGOM" no tiene traducción literal. Lo más cercano sería: "Exactamente". Se dice que el vocablo LAGOM fue acuñada por los vikingos, estos hombres fuertes del norte de Europa, que solían ir en grupos alrededor de un fuego ("en un círculo" - en sueco laget om) dejaban sonar un cuerno para luego usarlo para beber. Todos los vikingos de la ronda tomaban un trago, ni más ni menos, pero suficiente para todos. Así nació la idea del estilo de vida escandinavo LAGOM.

No necesita saber sueco para pronunciar esta palabra. En sueco, hay un sonido entre a y o - la palabra låg lo enfatiza. Este es un sonido largo (la-a-ogom) donde "a" suena como "o". LAGOM no es solo una palabra útil en su idioma nativo; el concepto explica en gran medida el comportamiento sueco. LAGOM se puede aplicar a todo: tamaño de la porción de helado o tamaño de la casa, consistencia de la salsa y mucho más. Al mismo tiempo, LAGOM refleja no solo cantidad sino también calidad. "All You Need" es una filosofía de moderación basada en un sentido de equilibrio y preocupación por los demás. LAGOM significa "tanto como sea posible", una cantidad imprecisa pero adecuada. Por ejemplo, en la mesa de la cena preguntan: ¿cuánta salsa necesitas? Entonces dices, "Bueno, LAGOM Tack". Te dan todo lo que necesitas.

Los suecos saben lo que es la felicidad, principalmente gracias a la capacidad de encontrar un equilibrio entre "demasiado poco" y "demasiado".

El equilibrio es fundamental en la vida de estas personas, y todo en Suecia se basa en el principio LAGOM. Los niños aprenden esta filosofía temprano, creando así una sensación de riqueza.

El modo de vida Lagom se basa en la idea de que es importante tener una vida equilibrada y sana, sin excesos ni carencias. Esto incluye tanto el consumo como el uso del tiempo y del espacio.

En el contexto de la vida cotidiana, el modo de vida Lagom puede incluir hacer elecciones sostenibles y responsables, tanto en términos de consumo como de estilo de vida. También puede incluir la práctica de la simplicidad y la moderación en el uso de recursos, tanto naturales como financieros.

El modo de vida Lagom también se basa en la idea de que es importante encontrar el equilibrio en las relaciones personales y en el trabajo, y de que es necesario tomarse tiempo para disfrutar de las cosas simples de la vida y estar presente en el momento.

Virtudes Lagom

Equilibrio: El modo de vida Lagom se basa en la idea de que es importante encontrar el equilibrio en todas las cosas. Esto incluye equilibrio en el trabajo, en las relaciones personales y en el tiempo de ocio, así como en el consumo y el uso de los recursos.

Moderación: La moderación es una parte importante del modo de vida Lagom. Se trata de evitar los excesos y encontrar una cantidad "justa" de todo, sin carencias ni sobreabundancias. Esto incluye moderar el consumo de alimentos, el uso de la tecnología y el tiempo dedicado a actividades específicas.

Simplicidad: El modo de vida Lagom también promueve la simplicidad y la reducción del consumo innecesario. Esto puede incluir hacer elecciones sostenibles en la compra de productos y en el uso de recursos, así como reducir la acumulación de cosas innecesarias y enfocarse en lo esencial.

Responsabilidad: El modo de vida Lagom también implica tomar decisiones responsables y sostenibles tanto para uno mismo como para el medio ambiente. Esto puede incluir hacer elecciones éticas en cuanto a la alimentación y el consumo, así como reducir el impacto ambiental a través del uso responsable de los recursos.

Disfrute: Aunque el modo de vida Lagom promueve la simplicidad y la moderación, también se trata de disfrutar de la vida y de las cosas simples. Esto incluye tomarse el tiempo para relajarse y estar presente en el momento, sin estar siempre ocupados o con la mente en otra parte.

Críticas

Después de que la banda sueca Ace of Base se hiciera popular, para los suecos nacidos después de 1992, el término LAGOM tiene un significado completamente diferente al de las generaciones anteriores; y todo esto se debe a que la sociedad ha cambiado y el mayor avance en materia de información ocurrió en 2010. Hoy en día, los jóvenes ya no necesitan tanto a sus padres para obtener información y están siendo reemplazados por las computadoras.

Los críticos de LAGOM suelen decir que la palabra significa igualación, no excelencia, porque se le impide a cualquiera que quiera dar un paso a la derecha o a la izquierda, ser diferente, para lograr "locas proezas". "Sé diferente y la sociedad no te aceptará". Muchas personas realmente sienten la presión del equilibrio en todas las áreas de la vida.

¿Significa esto que LAGOM está desfasado, que está en otra época y en otra Suecia, donde la población era más homogénea y la gente más cerrada? quizás. Pero en la era de la globalización, el comportamiento de las personas también está cambiando; sin guías confiables que lo guíen, el futuro es impreciso. LAGOM es un concepto antiguo, pero no un dogma por lo que puede cambiar y adaptarse, de hecho, ha tenido mucho éxito en otros países donde encontró a personas descontentas con su realidad. Así que parece que el secreto de la vida actual es encontrar una "media saludable". LAGOM se puede comparar con un péndulo que siempre trata de equilibrar dos opuestos en el medio: el esfuerzo y la relajación. Rico y humilde.

Solitario y social. Acaso ¿no es esto lo que la historia humana siempre ha buscado?

Un cambio de paradigma: de HIGGE a LAGOM

Para entender el fenómeno LAGOM y por qué es la estrella de hoy, hay que entender el fenómeno al que reemplaza, el estilo de vida HYGGE.

No es que uno sea mejor que el otro, sino que son ejemplos vivos que siguen ocurriendo. Por ejemplo, primero se pensó que la tierra era plana, pero luego resultó ser una esfera. El cambio de paradigmas no fue inmediato, incluso por mucho tiempo convivieron. La segunda visión se impone si satisface de manera más cabal a las necesidades humanas. Como en el caso de la Tierra, el primer paradigma todavía tiene sus adeptos, a los que se les llaman terraplanistas. Lo mismo está ocurriendo con los paradigmas LAGOM e HYGGE, aunque aún no se sabe cuál de los dos prevalecerá.

Hygge es una forma de vida danesa. Los daneses viven en un país con un clima menos favorable, por lo que tienen que hacerles frente a las dificultades que no se presentan en países con temperaturas más suaves. Sin embargo, son una de las sociedades más felices. ¿Cómo lo logran?

La felicidad danesa es un estilo de vida inspirador que es fácil de aceptar, o al menos algo en lo que podamos inspirarnos, especialmente durante los largos meses de invierno, para mantener el ánimo alto y contentos con la vida. Se basan en dos conceptos: "aquí y ahora"; y "juntos".

Importantes principios que se aplican a la vida cotidiana:

1- Valora mucho las pequeñas cosas

Hygge cree que la felicidad se debe adquirir poco a poco todos los días. Preferimos una serie de momentos que nos llenen de alegría en lugar de la búsqueda de una felicidad grande, distante y abstracta. Reconocer nuestros placeres diarios conduce a una sensación de satisfacción.

De hecho, hygge es un poco similar. Esa es una buena manera de empezar a explicar lo que es. Porque en realidad, todos ya hemos hecho muchas de estas pequeñas cosas en nuestra vida hogareña. Pero ser consciente y disfrutarlo, eso es "gozo". Así que el secreto es disfrutar de las cosas sencillas de la vida o saber contentarse con lo que tenemos. Estas cosas simples son difíciles de expresar porque varían de persona a persona. Los pequeños placeres de algunas personas no son los de otras.

Pero aquí hay algunos ejemplos personales para enfatizar el punto: la sensación cuando sale de una ducha caliente o simplemente sentirse limpio, la dulzura de una taza de té en el desayuno, la alegría de una buena noche de sueño. Estas son cosas que probablemente hacemos todos los días, pero requieren atención.

Hygge también se trata de respetar las cosas buenas de la vida. No se canse de mirar alrededor. Piense en los hermosos cuadros que ponemos en la cómoda, vea un hermoso árbol en la calle o incluso una pareja feliz. De hecho, es pensar que siempre hay algo lindo durante el día que le tranquiliza. No se trata de privarse de lo que quiere. ¿Un pequeño trozo de chocolate? ¿Una copa de buen vino en la cena? ¡Adelante!

Frases motivadoras: Apreciar y ser agradecido.

2- Centrarse en la atmósfera y el medio ambiente

Algunos lugares nos hacen sentir bien, algunas vibraciones nos hacen sentir felices casi al instante y otras sacan lo mejor de nosotros. Piense en la casa de un amigo en la que entra y se siente muy aliviado. Nombre los lugares de su casa donde se siente cómodo. Cuando entre allí, cree un capullo de comodidad y calidez en el área que será su zona de confort. Puede parecer una tontería y, sobre todo, un sinsentido, pero es importante para los daneses y contribuirá a su bienestar diario: Una casa cálida, cómoda, bonita y bien equipada.

A los daneses les gustan las casas bien equipadas sin demasiadas "extravagancias", pero que en realidad resultan relativamente simples. "Hygge" tiene la idea de comodidad, de elementos que nos hacen sentir bien y de funcionalidad. Básicamente, mire alrededor de su casa y pregúntese: ¿Me gusta este mueble? ¿Estar en ese lugar me hará relajarme? En definitiva, lo que hará que su hogar sea confortable.

Palabras inspiradoras: santuario, comodidad y privacidad.

3- Estar en lugar de contar / hacer / tener / aparecer

Hygge enfatiza los "estados" más que los bienes. No es lo que comes o el precio de una botella de vino lo que importa, sino la felicidad de estar juntos, eso es todo. Y, sobre todo, les contamos a los demás lo que sentimos por ellos.

Palabras inspiradoras: siente, vive y disfruta.

4- Vive el presente

Disfrutar del momento suele ser difícil, pero se puede practicar en pequeñas dosis. Adquirimos el hábito de hacer una cosa a la vez, más lentamente. Bajamos el ritmo y tratamos de experimentar las diferentes experiencias que podemos tener siendo conscientes de todos nuestros sentidos. Por ejemplo, salimos a la calle sin auriculares para absorber los sonidos, los olores y las vistas que nos rodean.

Palabras inspiradoras: notar y sentir.

5- Mímate

Uno de los principios de esta teoría escandinava de la felicidad es cuidarse y darse buenos momentos. Para ser feliz, no siempre tienes que poner a los demás antes que a ti mismo. Necesitas mimarte, lo que puede significar disfrutar de pequeños placeres varias veces al día. Considere llenar su lista de cosas por hacer con momentos felices o recompensas bien merecidas. Entonces sus días se volverán inmediatamente más optimistas. ¡De repente es más fácil sentirse feliz!

Palabras inspiradoras: Alegría, ternura y cuidado.

6- Cultiva la autenticidad

La autenticidad es ser honesto con los demás, con sus sentimientos y acciones. Seguimos nuestros deseos e impulsos. Escuchamos nuestra pequeña voz interior: cuando nos perdemos un poco en nuestra vida, ella sabe lo que es mejor para nosotros y nos ayuda a reconectarnos con nuestros valores y felicidad.

Citas inspiradoras: sinceridad, calma, envidia.

7- Disfruta el momento

En Dinamarca, la "temporada alta" de " Hygge" es Navidad. Es una época muy importante para el país y el crecimiento del estilo "Hygge", ya que es la época de las mantas grandes, las medias y pantalones grandes en pilou. Lo crea o no, eso es parte de la "diversión". Pero una de las cosas más importantes es encender las luces. Tanto en verano como en invierno, las velas crean inconscientemente un ambiente acogedor que le hace sentir bien. No hay comodidad sin velas, eso es seguro. Sabemos que siempre tenemos mil y una cosas que hacer, pero aún necesitamos hacer tiempo para sentarnos y leer un buen libro o una película. No todos los días, pero ese tiempo debe ser permitido. Así que cuando las luces están encendidas, envuélvase en una manta y relájese con un café, un chocolate caliente o un té o lo que le apetezca. Y lo más importante, recuerde ese momento y no lo deje pasar. Pero dígase a sí mismo: "Este momento, vivir aquí, ahora mismo, me hace sentir bien".

8- La amistad es el motor de la felicidad

Otro principio de la felicidad es la conexión con sus seres queridos, que es muy importante. La idea es crear momentos con personas con las que se sienta bien. Tome una taza de café y tenga una reunión con ellos, o con motivo de un almuerzo compartido.

El lugar de reunión también es importante porque el ambiente debe ser propicio para conversaciones y chismes sobre la vida. Junto con el medio ambiente, la comida y la bebida también son importantes porque crean momentos para compartir. Imagine, por ejemplo, un pequeño aperitivo en el parque, bocadillos y unas cervezas, lo que sea. Tiene que tomarse su tiempo. Pero lo más importante es que todos lo pasen bien. También sería ideal si las llamadas telefónicas no son parte de velada.

9- Tómese un tiempo para tomar un poco de aire fresco

Si el invierno se considera lo mejor de "hygge", el verano o la primavera o incluso el otoño también son auspiciosos. Los daneses de hecho nunca se dicen a sí mismos "oye lo que hago es hygge" porque nacieron así, es su forma de vida. Pero es posible que puedan ir en bicicleta con una canasta de picnic más fácilmente que nosotros al parque con amigos.

Salir a pasear por el bosque en familia o con amigos, o incluso a solas con su perro, también es un pequeño placer que debe practicar. Pero en realidad, no tiene por qué ser enorme. Podría ser un recorrido por el vecindario, un café en un bar con un amigo o un pequeño desvío a una tienda que le guste. Es solo cuestión de decir, voy a salir a respirar, voy a hacer algo que me haga feliz.

Los daneses tienen la suerte de tener espacios verdes hasta donde alcanza la vista, o de tener la playa en casi todas partes. Y nunca pierden la oportunidad de pasear.

LAGOM y HYGGE: ¿En qué se diferencian?

El secreto de una buena vida parece llamarse Hygge. Te rodeas de innumerables almohadas suaves y te sientas junto a la chimenea con un capuchino. Hoy, LAGOM nos promete el camino a la felicidad. Pero, ¿en qué se diferencian estas dos tendencias de estilo de vida? Primero, como señalamos, Hygge nos llegó desde Dinamarca y LAGOM conquistó el mundo desde Suecia.

Hygge se trata de crear los mejores momentos de la vida. Bueno, esto debería ser ampliamente disfrutado. Por ejemplo, puede acurrucarse en una manta y leer un libro en el sofá frente a la chimenea. En general, los accesorios acogedores como pieles, mantas y almohadas son muy populares en la tendencia de estilo de vida Hygge. Sin embargo, Hygge es más una tendencia temporal que un estilo de vida. Al menos así lo ven los defensores de LAGOM.

LAGOM, por otro lado, se esfuerza por lograr una verdadera y duradera satisfacción en la vida (en todos los ámbitos). La gente anhela la armonía y el equilibrio. La felicidad debe mantenerse fiel, conservando el equilibrio adecuado en todo. LAGOM es mucho más minimalista que hygge y elimina el desorden en todos los aspectos de la vida.

LAGOM se encuentra en algún lugar entre el minimalismo austero y la simplicidad insuperable de hygge. LAGOM no se trata de minimalismo o peculiaridades lindas. Como dijimos, LAGOM significa "suficiente", "moderado", "justo" en sueco. Si el tema principal de "acogedor" es la comodidad, entonces la esencia de "LAGOM" es un equilibrio realmente necesario, que puede llamarse la característica principal de la mentalidad sueca. La idea principal de esta filosofía es la capacidad de mantener un balance, por ejemplo, entre trabajo y juego, beneficio y placer. Por lo tanto, el sistema político del país es un sano equilibrio entre el capitalismo y el socialismo.

La filosofía Lagom puede tener muchos beneficios para tu vida y para el mundo en general. Algunos de estos beneficios incluyen:

Mayor equilibrio: La filosofía Lagom se basa en la idea de encontrar el punto medio en todas las áreas de la vida. Esto puede ayudarte a sentirte más equilibrado y en paz contigo mismo y con tu vida en general.

Menor estrés: Al enfocarte en lo esencial y evitar sobrecargarte con compromisos innecesarios, puedes sentir menos estrés y más control sobre tu vida.

Mayor satisfacción: Al disfrutar de las cosas simples y estar presente en el momento, puedes sentir una mayor satisfacción con tu vida.

Mayor responsabilidad: Al tomar decisiones responsables y sostenibles, puedes sentirte más comprometido con tu impacto en el mundo y en la vida de los demás.

Mayor sostenibilidad: Al adoptar una filosofía Lagom, puedes contribuir a combatir el cambio climático, el efecto invernadero y hacer más sostenible el medio ambiente.

LAGOM en la época de los centennials

Cada año se publican cientos de artículos sobre la nueva "generación de Internet". Mientras los especialistas en marketing observan el comportamiento de los Millennials (Generación Y) bajo un microscopio, los centennials (Generación Z) han crecido. ¿Podemos hablar del mismo interés por los teléfonos inteligentes, el mismo uso de las redes sociales las 24 horas, la misma apertura y confianza en el mundo? Tal vez no. El concepto LAGON cubre a todos, pero de diferentes maneras, por lo que es necesario mostrar la diferencia entre Z e Y.

La Generación Y incluye a todos los nacidos después de 1981. A medida que alcanzan la mayoría de edad en el nuevo milenio, a menudo se los denomina "millennials". Esta es la primera generación que realmente tiene acceso a la tecnología digital, aunque los millennials también conocen la era anterior a Internet: su infancia transcurrió en su mayoría sin teléfonos inteligentes y redes sociales.

La diferencia entre Gen Z e Y es que los primeros "nacieron con un teléfono inteligente en la mano". La tecnología digital ha sido parte de sus vidas desde la infancia. Los académicos no se ponen de acuerdo sobre qué año definir como el comienzo de la Generación Z. Las fechas varían de 1991 a 2001, dependiendo del nivel de desarrollo tecnológico de los diferentes países. Los sociólogos suelen utilizar 1995 como año base.

Las oportunidades y amenazas del mundo actual obligan a estas dos generaciones a abordar la vida de manera diferente.

Según una investigación de la consultora FutureCast, los millennials adoptan un enfoque de "solo una vez" y, por lo tanto, se esfuerzan por aprovechar al máximo sus vidas. Disfrutarán de un viaje y estarán dispuestos a correr riesgos por experiencias significativas. El 77% preferiría tener una experiencia intensa que comprar un producto deseado.

Los Gen Z, por otro lado, son más prácticos, por lo que el 60% elegiría un producto físico en lugar de una impresión temporal (40%). Las generaciones más jóvenes son más ambiciosas: el 60 % de los centenarios y solo el 39 % de los millennials quieren cambiar el mundo para mejor. La Generación Z no solo sueña con crear un mundo nuevo, sino que también cree que puede hacerlo. Esta generación de jóvenes es tan experta en tecnología y está acostumbrada a tener toda la información disponible que cree que merece más de lo que tiene. Confían en sí mismos y esperan que otras personas (como marcas, colegas o suscriptores) los tomen en serio y los ayuden a lograr sus objetivos, como iniciar su propio negocio. El 72% de los centenarios así lo quieren.

Los millennials viajan más que cualquier otra generación. Los miembros de la Generación Y realizan una media de 4,3 viajes al año, más de un 30 % más que los miembros de la Generación Z, según un estudio de la agencia de publicidad Expedia Media Solutions.

Además, según una investigación rusa, el 33% de los millennials mencionan los viajes como su pasatiempo favorito, pero este pasatiempo no se encuentra entre los 10 primeros entre los centenarios. Sin embargo, la primera generación en el mundo se puede definir como Generación Z. La Fundación Varkey encuestó a 20 mil personas en 20 países y descubrió que los centenarios creen que las fronteras son cosa del pasado. Ellos "viajan por el mundo" todos los días gracias a Internet, y desde temprana edad observan su diversidad, diferentes culturas y religiones en las redes sociales, videos y la realidad que los rodea.

Los centenarios son más tolerantes con el género. El 38% de los residentes estadounidenses de la Generación Z cree que el género no define a una persona como solía hacerlo (Generación Y: 27 %). Alrededor del 60 % piensa que el mundo debería tener más opciones de género que "hombres" y "mujeres" (Generación Y: 50 %). La nueva tecnología de la Generación Y se convierte en un producto diario de la Generación Z. Una gran dependencia de los dispositivos móviles caracteriza a estas dos generaciones y ayuda a las marcas a promocionar sus productos. La diferencia entre las dos generaciones es que la "tecnología del futuro" que arrasó entre los millennials ha echado raíces en la Generación Z. El 82% de los millennials creen que son expertos en tecnología. Han oído hablar de la realidad aumentada, los asistentes de IA y los automóviles sin conductor desde la infancia, y es aún más difícil impresionarlos.

La generación Y mira el contenido, la generación Z lo crea. La carrera más atractiva para la Generación Z es el blogueo de celebridades. El 37% de los encuestados sueña con una carrera en YouTube.

Este enfoque Gen Z ha impulsado la rápida difusión de la aplicación TikTok en todo el mundo. La aplicación, que permite crear y compartir videos cortos para dispositivos móviles, superó a Instagram y Facebook en términos de descargas a fines de 2018. Los videos cortos de pantalla vertical, el sistema de desafío, las herramientas de edición de video fáciles, las máscaras gratuitas, los filtros y las bandas sonoras de fondo son perfectos para las necesidades de los millennials. En cambio, las aplicaciones favoritas de los millennials son Facebook, el correo electrónico Gmail y la plataforma de compras de Amazon, según el informe de CommScope.

En este sistema tan diferente de generaciones, nuestro tiempo está replanteándose el concepto de "LAGOM". En un mundo al borde del desastre ecológico y con una brecha cada vez mayor entre ricos y pobres, una filosofía de equilibrio, pensamiento grupal y consumo inteligente parece más atractiva que la inestabilidad, el individualismo y la codicia. Por supuesto, vivir según los principios suecos no ayudará a detener el calentamiento global y el hambre, pero ¿no debería cada uno de nosotros hacer lo que podamos para mejorar el mundo en el que vivimos, sin importar a qué generación pertenezcamos? No tanto los millennials, sino los centenarios, están comenzando a comprender el mundo que los rodea y están a la vanguardia del cambio sensato para asegurar un futuro viable. Así es Greta Thunberg, uno de los rostros más reconocibles del momento. Esta adolescente se ha convertido en la activista contra el cambio climático más famosa del mundo después de una "huelga escolar" frente al parlamento sueco. Al igual que ella, su generación está a la vanguardia de la reducción de nuestro impacto en el mundo que nos rodea, reciclando recursos o ahorrando electricidad. Incluso si la moda LAGOM se desvanece, el espíritu detrás del concepto será de gran utilidad para nosotros y las generaciones futuras.

¿Dónde y cómo se usa?

Muchas veces el concepto de "LAGOM" se cuela en diversos aspectos de la vida cotidiana y empresarial, permitiendo que compañías y marcas lo incorporen para no perder ningún cliente sin importar su generación. Muchos diseñadores suecos trabajan en este estilo de vida. Marcas como Acne Studios y Filippa K evitan los detalles innecesarios en su ropa, y se apegan al minimalismo funcional, creando prendas tanto para el día a día como para ocasiones especiales. En respuesta a la popularidad de LAGOM, la multinacional sueca IKEA (que fabrica y vende muebles empaquetados y accesorios para el hogar) ha creado un proyecto especial "Live LAGOM" con el objetivo de educar a las personas sobre el medio ambiente. Su campaña tiene como objetivo enseñar a sus clientes a vivir en armonía con el medio ambiente y a llevar un estilo de vida menos consumista en general. Todo el mundo puede utilizar la energía y el agua de forma más económica y utilizar menos recursos naturales. No requiere mucho esfuerzo, solo necesita participar en el deseo de crear un estilo de vida sostenible y consciente.

Para los fanáticos del estilo LAGOM, IKEA ofrece artículos prácticos para el hogar (bombillas y baterías de bajo consumo, secadoras, recipientes para almacenar alimentos a largo plazo) y publica artículos de asesoramiento en una revista en línea.

Las reglas de vida que LAGOM ancló en la sociedad

El principio básico es abandonar el consumismo masivo que la mayoría de la gente sigue hoy. Los suecos están convencidos de que la verdadera fuente de sentimientos positivos no son las cosas, sino el beneficio que las cosas aportan a la sociedad. LAGOM no exige renunciar a las comodidades materiales. El punto es usar algo que sea práctico para el usuario y la sociedad en general.

Ya seas millennial o centenario, aquí hay algunos consejos para organizar tu vida en lugar de abarrotarla con detalles innecesarios:

• Seguimiento del consumo
Para que pueda realizar un seguimiento de las cosas inútiles en las que gasta dinero y lo que le impide ahorrar dinero para las compras necesarias.

• Manténgalo simple y elegante
Tal vez no necesite tantos recuerdos en el apartamento, porque ocupan espacio y no tienen una función práctica.

• La regla de "reducir, reutilizar, reciclar"
Suecia es considerado uno de los países más verdes del mundo y un país con un nivel de vida muy alto. Esto es gracias a la regla de "reducir, reutilizar, reciclar". Esto significa: reducir el consumo de agua y energía, reutilizar tantos elementos como sea posible y reciclar los residuos. En lugar de tirar artículos no deseados, dónelos a organizaciones benéficas o diseñadores que puedan encontrar nuevos usos para ellos. Si sigue las dos primeras reglas, la cantidad de residuos enviados a reciclar se reducirá al menos a la mitad.

Desarrollo personal y colectivo

Ya hemos mencionado que LAGOM es una ciencia de la armonía que promueve el equilibrio y el bienestar en la vida.

En Suecia, este campo tiene seguidores de culto, ya que esta filosofía se basa no solo en la preocupación egoísta por las propias necesidades y deseos, la búsqueda del éxito y el logro de metas personales, sino que también promueve la conciencia, la humildad y la realización, así como la capacidad de estar en el momento, ver la felicidad en las alegrías insignificantes del momento. El cuidado de los vecinos y del entorno que los rodea es parte integral del desarrollo armonioso del estilo LAGOM.

En su libro, la autora Elizabete Karlsson describe la filosofía LAGOM como un gran ejemplo de la receta sueca para una vida feliz. "Es una vida que respeta el mundo que nos rodea, una vida de sencillez y armonía, una vida de tranquilidad interior que permite a las personas expresarse plenamente".

Los padres en Suecia enseñan a sus hijos esta filosofía desde una edad temprana, y sus principios hacen que se vuelvan más amables y atentos con todos los seres vivos cercanos.

Los principios básicos de esta disciplina de vida son:

• **Equilibrio y conciencia**
Vivir bien significa vivir según la filosofía LAGOM. Los suecos aceptan este modelo como un axioma y no se permiten comportarse como adolescentes rebeldes e impacientes. En cambio, entienden que la suficiencia y el equilibrio son esenciales para crear reservas para el futuro. Además, los sentimientos no deseados no deben controlar al individuo para tener una imagen de personalidad positiva en la sociedad. Creen que el ambiente más productivo para una persona comienza con las relaciones con personas que tienen su propia forma de pensar y cosmovisión, y por lo tanto tienen estándares de armonía interior; conduce a una sociedad pacífica y equilibrada.

• Sea realista acerca de uno mismo y del mundo que lo rodea

Confiando en la cortesía, la sutileza y los buenos modales, una persona encuentra armonía consigo misma y con quienes la rodean. Si todos comienzan a pensar en este comportamiento, habrá menos aspectos negativos en la vida. Después de todo, el duelo de una persona es una tragedia, pero junto a otros, se puede superar cualquier cosa, por lo que la condena social, la discriminación y la negatividad no son parte de la fórmula.

• Aceptación y amor

La filosofía de LAGOM se basa en la aceptación, la alegría y la amabilidad. Todo lo que te permites, también debes permitírselo a los demás. No hay bien o mal, sólo paz y armonía. Incluso cuando surgen momentos urgentes, es más fácil esperarlos en base a los principios de esta filosofía, enfocándonos no en resultados inmediatos, sino a escala global y valorando todo el proceso de vida.

Muchas veces todos los problemas y dificultades son triviales: la paciencia nos enseña a ver más y sobre todo a no ser egocéntricos. El pensamiento a gran escala al estilo LAGOM crea paz y comodidad no solo para los individuos, sino también para la sociedad, haciendo que nuestro mundo sea más próspero, brillante y expansivo.

• Sentimientos de abundancia interior

Obtendrá todo esto, si no hoy, entonces mañana. Lo más básico es saber que si bien la vida se trata de metas y lograr objetivos, no todas las metas pueden lograrse, ni esperar lograrlas para recién ser feliz. No es factible establecer metas utópicas e ilimitadas sin apreciar lo que se tiene y lo que le hace feliz en el aquí y ahora. Este amplio concepto explica el hecho de que todo el mundo ya tiene todo lo que necesita en la vida.

• No solo cantidad, sino también calidad

Esto se aplica a todas las áreas de la vida, incluida la parte de los alimentos que se consumen. Tomas lo que necesitas. Esta es la filosofía de la confianza: no sobra, basta, paz y contentamiento con lo que se tiene.

Como ya hemos citado, los críticos de la filosofía LAGOM condenan esta orientación, diciendo que iguala a todos y resta importancia al concepto de individuo. Como resultado, muchos adolescentes suecos no pudieron resistir la presión de las reglas de sobriedad y huyeron a otros países. Pero solo cuando están lejos de su tierra natal, pueden comprender el verdadero significado de la filosofía.

LAGOM se trata de ayuda y apoyo. Por lo tanto, los suecos en una tierra extranjera se unen en grupos y asociaciones, y nuevamente practican sus ideas principales, lo que les da a las personas una sensación de seguridad y pertenencia a los grupos.

"Es mejor si tienes todo lo que necesitas": este proverbio sueco revela todo el significado y el poder de la filosofía.

LAGOM es el medio dorado para la mente y el cuerpo; ya que es un camino que reduce los niveles de estrés y crea estabilidad y confianza para el futuro.

Suecia se clasifica regularmente entre los 10 países más felices: en la encuesta de clasificación de felicidad reconocida internacionalmente realizada por la ONU cada año. Esto se debe principalmente a LAGOM. En Suecia, los ciudadanos respetan tres áreas principales: igualdad de género, alta seguridad social y calidad de vida. Ellos son los rehúyen con la filosofía de la procrastinación, por lo que demorar las acciones se considera el último recurso. Los suecos dicen que la filosofía LAGOM es el camino a la salvación.

Tenemos que ser realistas, nuestra sociedad moderna está llena de miedo, ira, tediosas rutinas y plazos; es en esta enseñanza sueca que podemos encontrar formas de ayudar a reducir la tensión y crear orden en medio del caos, porque si cada habitante del planeta ya no piensa solo en el consumo, sino que también incluye su interés por el medio ambiente, encontraremos un equilibrio entre la sociedad y el hombre, y nuestra realidad será transformada. Esta filosofía escandinava tiene en cuenta las diferencias de las personas y está abierta a todos. Este gesto de vida apoya a una persona y enseña a ver nuevas posibilidades. Esto se aplica a todos los aspectos de la existencia humana.

Capítulo 5
Felicidad estilo Lagom

Resulta que a nuestros cerebros no les gusta perderse nada.

La corteza cerebral, que es responsable de la planificación, la toma de decisiones complejas y la multitarea, funciona de manera óptima en un "entorno promedio": demasiada relajación y demasiado estrés pueden dificultar su eficacia. Eso dice Amy Ernsten, profesora de neurociencia y psicología en la Universidad de Yale. El equilibrio es necesario para un rendimiento óptimo.

Pero la felicidad puede estar determinada genéticamente, según un estudio de 2016 realizado por investigadores en Hong Kong y Bulgaria. Los investigadores han encontrado que la felicidad es mayor en países donde ciertos genes dominan la población. Este gen es responsable del placer sensorial y del alivio del dolor; este gen probablemente explica las diferencias en los niveles de felicidad entre los diferentes países europeos.

La población del norte de Europa, especialmente Suecia, tiene un alto nivel de actividad de este gen, y son estos países los que ocupan la fila superior del índice de felicidad. Mientras tanto, los investigadores señalan que no son solo los genes los que influyen en la felicidad. También es importante un entorno económico y político estable en la sociedad. Pero seamos claros, la felicidad no depende de si tienes o no genes escandinavos. Por el contrario, el nivel de felicidad puede explicarse fácilmente por la filosofía del equilibrio. "Es suficiente", y una vida de "ni más ni menos" hace que el statu quo de las cosas sea más propicio.

Muchos suecos confían en que el país los cuidará desde la cuna hasta la tumba. La creencia de que no tienen que luchar para sobrevivir promueve la paz interior. Los suecos tienen tiempo para dedicarse a actividades que son importantes para ellos y agregan valor a sus vidas. Cuando la existencia está llena de sentido, se siente su valor y se cumple el propósito de la vida, que es la felicidad. Vivir en equilibrio significa darse cuenta de que la vida no es tan mala como algunos piensan. Por supuesto, puede ser mejor, pero mientras aprecies el presente, es suficiente.

LAGOM es una filosofía de autoequilibrio consciente. No solo ser voluntario o donar, sino también tratar bien a los demás (no necesariamente exhibiendo mérito o generosidad), aprendiendo de las diferencias con una actitud tranquila, y procurando la unidad (sin fanatismo, sin codicia, haciendo lo mejor).

Básicamente, LAGOM es un equilibrio que la gente acepta. El agua, por ejemplo, puede ser tibia, ni caliente ni fría, es decir, confortable. Puedes trabajar con márgenes apreciables de descansos, sin exagerarlos tanto como sea necesario. Los pantalones pueden sentarte como deberían, sin importar la marca. Esta palabra se puede usar en casi cualquier contexto, y esa es su belleza.

Tan ferozmente como los suecos defienden su individualidad, también son conocidos por su colectivismo: la capacidad de trabajar juntos por el bien de la sociedad. Tomar lo necesario y dejar suficiente dinero para todos es el primer paso hacia una distribución justa de los bienes públicos.

Los suecos no prestan atención a la moderación en todo, porque también saben cómo divertirse. Cualquiera que haya estado en un festival del solsticio de verano en Suecia o haya probado un café sueco fuerte recién hecho sabe que esto es cierto. En lugar de castigarse con la abstinencia, continúan con su modesto estilo de vida hasta las próximas vacaciones. Al esforzarse por vivir una vida más humilde, cómoda y equilibrada y aprender a estar contentos, se quitan la carga de los hombros. La vida se vuelve más fácil para la persona que practican esta filosofía, y para quienes la rodean. Lo más importante es el acceso a la abundancia del recurso más valioso: el tiempo. Los suecos viven esta vida equilibrada que incluye respetar el medio ambiente y estar lo más cerca posible de la naturaleza.

A diferencia de otras sociedades europeas, los suecos son más relajados y disfrutan de la vida no solo en el ámbito privado sino también en el trabajo. Y esta forma de pensar parece hacerlos menos efectivos que el tipo alemán, que es preciso y dinámico, pero los suecos también saben cómo obtener resultados, solo que lo hacen con más calma. Honestamente, parece que funciona, porque ¿en qué país puedes tener hasta 4 semanas de vacaciones de verano? O, en algunos casos, las plantas enteras se cierran semanalmente durante el verano.

El secreto Lagom

Pero, ¿cuál es el secreto de su felicidad? Si desea entender LAGOM, tiene que mirar las piezas del rompecabezas, porque LAGOM es muchas cosas: tendencias de decoración, comida, estilos de belleza, pero lo más importante, LAGOM es una actitud interior que impregna la vida, actitud ante la vida.

Por cierto: Curiosamente, este equilibrio ideal es esencialmente de lo que se tratan los remedios florales de Bach, excepto que los remedios florales de Bach se centran en su actitud a nivel espiritual. Si le apasiona la filosofía de vida de la armonía sueca, definitivamente debería considerar la terapia de flores de Bach.

Característicasde Lagom:

• LAGOM tiene un buen equilibrio entre la vida laboral y personal.
Los suecos probablemente estarán muy felices porque tienen un buen equilibrio entre el trabajo y la vida. Es la base de una buena vida y de la verdadera satisfacción. La carga de trabajo en los países escandinavos se equilibra con un descanso consciente. El esfuerzo y el éxito en el trabajo son tan importantes para los suecos como el ocio.

"Debes pasar tiempo con tu familia o amigos cercanos". Pero también debe quedar suficiente tiempo para uno mismo, y eso surge más del amor propio y del amor por la vida que de una gestión del tiempo orientada racionalmente con hábitos bien optimizados. Con su enfoque en el equilibrio entre trabajo y tiempo libre,

LAGOM apunta a un estilo de vida consciente que promueve la salud.

• LAGOM es sinónimo de economía, sostenibilidad y conciencia medioambiental

Los suecos tienden a ser ahorrativos en su vida cotidiana. Aquellos que viven en las nuevas tendencias de estilo de vida escandinavo consumen de manera muy consciente. Compran sólo lo que realmente necesitan. Los artículos no deseados no aparecen en los carritos de compras virtuales o reales. Lo mismo se aplica cuando el producto no cumple con los estándares de verdadera satisfacción interna. En el medio, por supuesto, se dan pequeños regalos para recargar energías y disfrutar de la vida. Pero con moderación. El estilo de vida sueco aquí es más minimalista y sostenible.

La protección del medio ambiente también es muy importante para los suecos. Por lo tanto, la forma de vida de LAGOM también incluye el uso consciente de los recursos naturales. Se ahorra electricidad y agua y se reciclan materiales valiosos. Parte de esta actitud sustentable es que no se recolecta todo tipo de cosas, porque muchas cosas terminan en la basura más tarde de todos modos; por eso, en los países escandinavos, a la hora de ir de compras hacen una excelente elección de los muebles y que sean de alta calidad y destinados a perdurar.

• LAGOM tiene un sentido de comunidad en el trabajo y en la vida privada.

La conciencia social también es verdaderamente sueca. Un sentido de comunidad está profundamente arraigado en la sociedad escandinava. Esto también se aplica a la vida laboral. Una decisión importante se implementa solo cuando todos en el equipo están de acuerdo. Por lo tanto, las reuniones más largas en el trabajo son más frecuentes. Porque cada opinión debe ser escuchada primero. La justicia y la prudencia son piedras angulares importantes en las interacciones diarias suecas.

Los egoístas y egocentristas tienen mala reputación en esta área. Todos cuentan en la banda, pero el engrandecimiento personal no coincide con el humilde estilo sueco LAGOM. Incluso un gran logro personal, como ganar un juego, no se celebra con mucha euforia. En este caso, la suerte se atribuye al equipo, no al ganador. Los niños suecos se crían y educan juntos, no unos contra otros. También es un principio que promete felicidad y plenitud.

- **LAGOM está en contra de la crítica y el elogio**. Incluso en una pequeña conversación no se escuchan críticas o cumplidos excesivos, ya que pueden alterar el equilibrio. Cuando se requiere crítica, siempre se endulza con elogios honestos. Así es como puedes convertir un ambiente tenso en uno agradable.

- **LAGOM tiene un pequeño pero estrecho círculo de amigos**
Los suecos suelen tener pocos amigos, pero amigos cercanos. Se mantienen regularmente y deben durar mucho tiempo. Estas comunidades cerradas son difíciles para la entrada de personas ajenas. Además de pasar tiempo con amigos, los suecos creen que es importante tener suficiente tiempo para ellos mismos. Aquí, también, la aurora boreal intenta equilibrar la balanza. No se ocupa todo el tiempo en sociabilizar, de

lo contrario el tiempo será demasiado corto. A su vez, esto amenaza el equilibrio de LAGOM.

• Diseño de la casa LAGOM

También se puede apreciar la actitud sueca ante la vida en sus propias cuatro paredes. LAGOM es también una tendencia de estilo de vida que entró muy temprano en la tienda de muebles. El diseño de LAGOM se caracteriza por un lenguaje de diseño conciso y claro, y su lema de diseño es: "menos es más".

Se trata de crear un entorno de vida modesto, tranquilo y aireado. El diseño de LAGOM también es funcionalidad. Todo lo útil en la habitación también debe tener un uso práctico, si es posible. Sin embargo, la habitación no debe sentirse fría. Idealmente, funcional y cómoda a la vez.

LAGOM: muebles y complementos

Si desea que se vean tendencias brillantes en su hogar, debe confiar en un interior bastante estricto. Para hacer esto, debe elegir muebles de calidad. No abarrote la habitación con muebles o accesorios innecesarios. Elija las cosas conscientemente y lo más importante, incluya sus accesorios favoritos para el hogar.

La tendencia LAGOM son muebles simples con líneas limpias y formas simples. Los colores rizados y brillantes no encajan del todo en la media dorada, por lo que no juegan un papel en el diseño de LAGOM. El interior de estilo LAGOM es sobrio y minimalista. Su apartamento debe tener tanto como sea posible para darle un carácter acogedor.

LAGOM: Color

Vivir en LAGOM significa rodearse de colores sutiles. Para incorporar el estilo de vida sueco en sus paredes, primero debe tener blancos y grises. Pero también puede incluir colores tierra claros en el interior, como el beige y otros colores sobrios. Vivir en LAGOM significa crear una atmósfera luminosa con colores desaturados.

LAGOM: Materiales

En la tierra de los alces, los materiales naturales se toman muy en serio. Por lo tanto, los muebles de madera pertenecen definitivamente a los apartamentos LAGOM. Por otro lado, los muebles de madera maciza son particularmente populares aquí. Su acabado también puede ser de madera. Por ejemplo, el frutero de madera tiene una estética atemporal que combina a la perfección con el diseño natural de LAGOM.

En la cocina con las nuevas tendencias del estilo de vida sueco, a menudo puede encontrar platos hechos a mano y pintados. Pero el vidrio y el cobre también juegan un papel importante. Estos materiales son valorados por sus superficies lisas. Por ejemplo, puede traer un poco del estilo de vida sueco a su hogar instalando un jarrón de vidrio o un simple fregadero de cobre. El estilo LAGOM también incluye materiales naturales como el lino, el algodón o la lana cruda. El estilo LAGOM utiliza alfombras de algodón y pelo. La comodidad también la proporcionan las almohadas de algodón con un aspecto de punto grueso, que refleja perfectamente la conexión escandinava con la naturaleza.

A los seguidores de LAGOM les gusta equiparse con materiales de producción sostenible. Pueden ser, por ejemplo, muebles de madera fabricados con madera reciclada. Los fanáticos de LAGOM también estarán encantados con todos los productos hechos a mano por artesanos locales.

LAGOM - Iluminación

En el extremo norte casi no hay luz natural en invierno. Es por eso que los suecos suelen distribuir muchas fuentes de luz diferentes en sus hogares. Los fanáticos de LAGOM, por supuesto, también conocen las fuentes de luz de bajo consumo. La iluminación suave y cálida y las velas son igualmente importantes, ya que crean un ambiente atmosférico durante la larga estación fría.

LAGOM – Nutrición

Cuando se trata de nutrición, LAGOM también dice "manténgalo con moderación". Cuando se trata de comer, no se debe practicar demasiada abstinencia ni comer en exceso. Básicamente, la tendencia sueca se basa en la comida sana y de temporada. Por supuesto, los banquetes también están permitidos, pero con moderación. Por eso, prevalece la calidad sobre la cantidad.

Si se ha estado de fiesta, ingiriendo más de lo debido, en los días siguientes debería volver a dar pasos más cortos. ¡Un concepto nutricional simple pero prometedor! De esta forma, se mantiene el equilibrio entre salud y placer.

LAGOM en nutrición significa centrarse en alimentos de alta calidad. En la medida de lo posible, proceden de la agricultura ecológica. Por supuesto, la comida premium es más cara. Pero este es un lujo que los suecos se dan, ahorrando de otros sectores de su vida. Saben que una dieta saludable es la base de la salud y el éxito.

LAGOM como tendencia de belleza

¡Ni más ni menos, así de simple! Esto también se aplica al cuidado de la piel. Al menos si quiere experimentar el hermoso estilo de LAGOM. Si sigue el concepto sueco de cuidado de la piel, evite los productos con ingredientes poco saludables, como colorantes artificiales y fragancias cuestionables. Estas sustancias no tienen ningún efecto positivo sobre la piel. Los productos orgánicos también son los mejores aquí. Los expertos en belleza que recomiendan la tendencia LAGOM creen que estos 4 productos para el cuidado de la piel definitivamente son suficientes:

• Limpiador (para limpiar la piel de los factores estresantes diarios como el polvo fino)
• Tónico (para la desacidificación de la piel)
• Sérum (aporta a la piel principios activos muy concentrados)
• Cuidado de día o de noche (para el cuidado, protección y renovación de la piel)

A la hora de elegir productos de belleza, preste especial atención a sus principales necesidades de cuidado de la piel. De acuerdo con las tendencias de belleza de LAGOM, la lista de ingredientes se mantiene lo más corta posible. Los ingredientes activos son:

• Colágeno
• Ácido hialurónico
• Ceramida

- Vitamina C
- Cinc

LAGOM es humilde cuando se trata de moda

Si su gabinete está a punto de explotar, entonces no está siguiendo el principio LAGOM. Pero puede cambiarlo muy fácilmente: organice las cosas que ya no usa. Su guardarropa se ajusta a la tendencia LAGOM si el contenido es manejable.

La ropa de alta calidad es especialmente importante para los suecos porque tiende a durar más. Esto ahorra recursos y está en línea con el concepto de desarrollo sostenible de LAGOM. Así que el sueco está claramente feliz, incluso sin un vestuario sobrecargado. Al menos compran mucha menos ropa que otros europeos.

Las cosas simples y prácticas como los jeans y los suéteres de algodón son especialmente populares entre los fanáticos de LAGOM. Si le encanta la tendencia LAGOM, probablemente odie llevar ropa formal, porque tal rigidez va en contra de la media dorada. Incluso las ocasiones oficiales suelen celebrarse de manera informal, con camisas y vaqueros.

Sin embargo, en ocasiones especiales, los suecos suelen vestir muy elegantemente.

¿Qué es la moda sostenible en el mundo?

Los consumidores se están dando cuenta de la urgente necesidad de adoptar un estilo de vida más ecológico y recurren cada vez más a la moda sostenible. Todavía es necesario comprender las razones detrás de este concepto de sostenibilidad y comprender fundamentalmente qué se necesita para avanzar hacia una ropa más responsable. A pesar de sus mejores intenciones, los consumidores de hoy se están perdiendo en la avalancha de información sobre el tema, según un nuevo estudio estadounidense. La moda sostenible es un concepto amplio que claramente no siempre es transparente para los consumidores que buscan información confiable para cambiarse a ropa que sea menos dañina para el planeta y ayude a reducir su impacto en su propia escala.

Los consumidores son conscientes de la urgente necesidad de consumir de forma más responsable. Casi las tres cuartas partes (72%) de los encuestados de EE. UU. dijeron que son conscientes de los problemas de sostenibilidad en la industria de la moda, en particular el consumo excesivo, las emisiones de carbono y la contaminación del agua de ciertos procesos, como el teñido. Más de la mitad de los encuestados (51%) también dijeron que comprar ropa en exceso en los EE. UU. contribuye a la emisión significativa de gases de efecto invernadero cada año. Ante esta observación, muchos quieren tomar medidas a su propia escala para mejorar el planeta. A medida que se propaga la pandemia mundial, la conciencia parece haber aumentado. Tratando de adaptarse a los cambios en la industria de la moda, a los consumidores no les faltan ideas para adoptar una moda más sostenible. Por ejemplo, más de un tercio (34%) dijo que compraría si hubiera una tienda de ropa sostenible, mientras que el 33% dijo que alentaría a las cadenas a ofrecer el tipo de ropa que usa de manera más sostenible. Más de tres de cada 10 encuestados (31%) incluso apoyan un "impuesto a la moda rápida" sobre la ropa no duradera.

A pesar de la falta de información, los consumidores parecen tomar decisiones muy informadas. Casi seis de cada 10 (58%) dice que se preocupa por el material del que está hecha su ropa y que no daña el planeta, mientras que el 47 % cita los materiales renovables o naturales como uno de los criterios de sostenibilidad más importantes. Sin embargo, esto no significa que cuando una marca anuncia a gritos su compromiso con la sostenibilidad, comiencen las compras irracionales de moda. Los consumidores desconfían de cierta retórica de marketing y actúan en lugar de decir algo agradable. Casi nueve de cada 10 (88%) dijeron que no confiarían de inmediato en una marca que afirma ser sostenible, y el 51% dijo que sabía que el greenwashing es común en la industria de la moda.

Consejos para practicar la filosofía LAGOM

• Consejo 1: reduzca la velocidad
El primer truco es desafiante, especialmente en una gran ciudad. Cuando comience a sentirse estresado, preste más atención y pregúntese por qué sucede. ¿Tienes que hacer todo a gran velocidad o tiene miedo de ir contra la corriente y entusiasmar a todos? ¿Se puede cambiar de marcha y reducir la velocidad en la

vida? Creo que puede hacer esto más a menudo de lo que piensa.

• **Consejo 2 – Hornear Kanelbullar**

Rollos de canela suecos (Kanelbullar). Cuando haces cosas con tus propias manos, no te sientes estresado. Lo mismo ocurre con la cocción de Kanelbullar. Incluso la masa de levadura requiere una preparación cuidadosa.

¿Qué son los rollos de canela?

Los rollos de canela, elaborados con azúcar, canela y mantequilla, son un pastel muy popular en todo el mundo. Aquí tienes algunos consejos, recetas y trucos para aprender todo lo que necesitas saber sobre este famoso pastel escandinavo.

Los rollos de canela son una receta tradicional nórdica que también es popular en América del Norte y son muy fáciles de hacer. Los primeros rollos de canela aparecieron en Suecia a principios del siglo XX antes de ser llevados a América del Norte. En su país de origen, los rollos de canela están cubiertos de perlas de azúcar, a diferencia de los rollos helados que se encuentran en los EE. UU. o Canadá, y son menos aceitosos. Se comen en el desayuno, pero especialmente durante fika, la palabra sueca para café al revés, y los momentos de descanso se ven como momentos dc compartir y divertirse. Suecia incluso celebra el 4 de octubre como el Día Nacional del Rollo de Canela desde 1999.

Ingredientes:

1 taza de azucar
2 cucharadas de canela molida
2 paquetes de hojaldre
1 huevo batido
Azúcar glas para espolvorear

Preparación:

• Precalienta el horno a 180°C. Engrasa una bandeja para hornear.

• Mezcla el azúcar y la canela en un pequeño dolor.

• Despliega un paquete de hojaldre y coloca la mitad de la mezcla de azúcar y canela sobre él, dejando un margen de unos 2,5 cm alrededor del borde. Cubre con el otro paquete de hojaldre y presiona los bordes para sellar.

• Corta el hojaldre en tiras de unos 2,5 cm de ancho.

• Enrolla cada tira formando un rollo y colócalos en la bandeja para hornear. Pinta los rollos con el huevo batido y espolvorea con azúcar glas.

• Hornea durante 15-20 minutos, o hasta que estén dorados y crujientes.

• Sirve caliente y disfruta. ¡Buen provecho!

Es perfectamente posible añadir otros ingredientes a la mezcla de canela y azúcar, como jengibre, nuez moscada o incluso vainilla. También puede cortar la fruta en dados y agregarla al pan antes de enrollarlo todo en salchichas. Cuando se trata de glaseado, ¡todo vale! Los rollos de canela se cubren tradicionalmente con queso crema o glaseado de vainilla, pero para mayor diversión, puede hacer glaseado de chocolate o caramelo. También puedes disfrutarlos solos o cubiertos con perlas de azúcar al estilo escandinavo.

• Consejo 3. Tomar una taza de café en el parque

Naturaleza, bosque, lago, banco, cielo azul, nube ¿Cuándo fue la última vez que se sentó en un banco del parque y disfrutó de su entorno y escuchó la naturaleza? Hay mucho que experimentar, especialmente en primavera/principios de verano. Puede ver crecer las hojas, escuchar el canto de los pájaros y, si tiene suerte, un conejo se atravesará a escabullirse de su madriguera. Para no estresarse, lleve consigo una taza de café o té, que luego podrá beber tranquilamente en el acto.

• Consejo 4: Chatee con gente amigable

Corremos de acuerdo en acuerdo, de obligación en obligación, olvidando lo que nos da fuerza y calor. Por ejemplo, chatear con un chico agradable con preferencias sociales simples. Puede encontrarse con un amigo o vecino e intercambiar bromas. Si se siente estresado, trate de hablar con una buena persona. Estoy seguro de que se sentirá mejor después de eso y las tareas cotidianas ya no le parecerán tan difíciles.

• Consejo 5. llegar a casa del trabajo a tiempo

Probablemente esté pensando en este momento, ¿qué hago cuando siempre tengo mucho trabajo por hacer? Sí, por supuesto que tiene razón. Pero en la mayoría de los casos, con terminar el trabajo al día siguiente es suficiente, ¿no? ¿Qué es realmente más importante, su recuperación y volver a su mejor forma al día siguiente, o estar completamente exhausto cuando termina el trabajo?

También soy consciente de que esto no siempre se puede hacer. Pero trate de pensar en ello. De alguna manera, todos los suecos lo logran. Y no hay ningún jefe que se queje cuando a las 4:35 p.m. la oficina está 2/3 vacía porque termina a las 4:30 p.m.

• Consejo 6: Prepara una comida saludable

Hoy en día, cuando vivimos con un ritmo de vida acelerado, comemos alimentos ligeros.

Pero si ralentizamos la cocción y hacemos más comida casera, la misma vuelve a saber mejor. No solo porque usamos ingredientes frescos, sino también porque lo hacemos nosotros mismos. Nuestro cuerpo también nos lo agradece.

Consejos para una dieta casera saludable:

- Beber al menos 1,5 litros de líquido al día durante y entre comidas en forma de agua y bebidas sin calorías.

- Coma alimentos ricos en almidón en cada comida. Cereales (arroz, pasta, sémola, trigo, pan, etc.), legumbres (lentejas, soja, guisantes, etc.), patatas, etc. Preferiblemente enteras.

- 5 tipos de frutas y verduras. Es decir, al menos 400 gramos al día, incluidas todas las comidas en todas sus formas (cocidas, crudas, mixtas).

- 1 a 2 veces de carne, pescado o huevos. Proporciones más pequeñas que para los aditivos (alimentos feculentos y vegetales). Se prefieren los cortes con un contenido de grasa más bajo para la carne. En cuanto al pescado, también se consumen especies grasas.

- 3 productos lácteos. Alterne la leche, el queso y el yogur en cada comida para lograr un buen equilibrio de grasas y calcio.

- Poca grasa: variar la fuente (aceite, mantequilla, margarina) y comer con moderación.

- Limite los productos dulces. Todos son altos en calorías, ya sea porque tienen un alto contenido de azúcar (refrescos, dulces, etc.) o porque combinan azúcar y grasa (pasteles, pasteles, chocolate, etc.).

- Use alcohol con moderación. Limite la ingesta a 3 vasos por día para hombres y 2 vasos por día para mujeres. El alcohol es el único alimento sin el cual el cuerpo puede prescindir.

- Realizar de 3 a 4 comidas balanceadas al día. Para que el cuerpo proporcione constantemente la energía y los nutrientes que necesita, es necesario dividir la dieta durante el día, preferiblemente cinco veces.

- Para el desayuno. Imprescindible, debe ser suficiente (25 a 30% de la dosis diaria) y saludable: beber productos de cereales, lácteos, frutas con un poco de azúcar (mermelada) y/o grasa (mantequilla).

- Almuerzo y cena. Lo ideal es que consten de un entrante (verduras crudas, preferiblemente sopa), de

100 a 150 gramos de plato de carne, pescado o huevo, verduras (200 gramos) y fécula (de 50 a 100 gramos cocinados), leche y fruta. Ejemplo: zanahorias ralladas/bistec, judías verdes, papas al vapor/yogur/comida enlatada.

- Aperitivos. Esto es opcional y ayuda a repartir mejor la ingesta de energía a lo largo del día. Según el apetito: frutas, cereales, lácteos...

Equilibre su menú adaptando su consumo a sus necesidades

Dado que todos somos diferentes, estas reglas básicas deben ajustarse en función de:

- Necesidades. La proporción y la cantidad deben ajustarse según el sexo, la edad, el estado (embarazo, lactancia, etc.), el nivel de actividad.

- Apetito. Es necesario observar las señales de hambre y saciedad.

- Construya su vida. Algunos se conforman con un sándwich para el almuerzo, mientras que otros prefieren almorzar en un restaurante. No importa: esté donde esté, busque el equilibrio diario y luego semanal.

- Gustos y hábitos. No tiene sentido obligarse a comer brócoli cuando no le gusta, porque muchas otras verduras tienen el mismo valor nutricional. Consumir una dieta balanceada también significa saber cómo navegar dentro (y entre) los diferentes grupos de alimentos obvios.

- Consejo 7: Salga a caminar

Para salir a pasear no hace falta ir muy lejos al campo, si quieres… claro que puede. También puede tener una plaza o un espacio verde cerca de su casa donde pueda ir a caminar. Sin embargo, es suficiente si, por ejemplo, se baja del autobús, metro o tranvía una parada antes al volver a casa. Reduzca la velocidad y mire bien a su alrededor. Tal vez pronto descubra un café nuevo que acaba de abrir; o tal vez un hermoso jardín que nunca antes habías visto. Pero también puede ocurrir que encuentre exactamente lo que busca en una tienda por la que pasa.

- Consejo 8: Lea un libro

Este consejo no importa si es un lector de papel o un lector electrónico. Lo más importante es leer y sumergirse en mundos de fantasía. ¿Qué libro siempre ha querido leer? ¿O qué libro comenzó, pero no lo terminó? Si no le gusta leer, escuche audiolibros y piérdase en su propio mundo.

- Consejo 9: Tómese el tiempo para la jardinería

Primero, las plantas producen oxígeno. En segundo lugar, se ha demostrado que las plantas mejoran el estado de ánimo y le ayudan a concentrarse en el trabajo y a crear el equilibrio perfecto en su vida.

Beneficios de poner en práctica la filosofía LAGOM

1. Esta es la tendencia de nuestro tiempo.

En condiciones de estrés, sentado frente a la pantalla durante mucho tiempo, demasiada accesibilidad y flujo constante de información, puede perder el equilibrio rápidamente. LAGOM nos invita a restablecer el equilibrio entre el mundo digital y el analógico, entre el trabajo y el ocio, entre el tiempo de familiares y amigos y el nuestro.

2. Medio ambiente y sostenibilidad

LAGOM también refleja el equilibrio en la forma en que tratamos la naturaleza y la tierra. Esto puede significar, por ejemplo, que preste atención a la calidad al comprar y reparar productos, en lugar de tirarlos. O para usar los recursos de nuestro planeta de manera adecuada, como tomar medidas para ahorrar energía y controlar el comportamiento del consumidor para el desarrollo sostenible. No solo protege el medio ambiente, sino también nuestras billeteras. Sabemos que los humanos producimos más residuos de los que el planeta puede digerir, por eso es tan importante entender y actuar para gestionar mejor los residuos en nuestras ciudades.

El minimalismo también es tendencia, porque todo lo que abarrota nuestros hogares es abarrotamiento en nuestra mente. Deshacerse de estas cosas puede mejorar su vida.

Lo que puede hacer para lograr este objetivo:

- Compre solo lo que necesita
- Elija productos biodegradables
- Reducir el consumo de bolsas individuales o multipacks
- Utilice contenedores reutilizables si están disponibles en su país.
- Compre en bolsas reutilizables y evite pedir bolsas de plástico.
- Si debe usar papel, úselo por ambos lados
- Haga cuadernos nuevos usted mismo usando trozos de papel de cuadernos viejos.
- Vender artículos no deseados en línea.
- Use baterías recargables
- Aproveche al máximo sus cosas antes de tirarlas
- Dele a los artículos una nueva vida.
- Separar los residuos en verdes y no verdes.
- Clasificación de artículos desechables y reciclables.
- Exprimir botellas de plástico.

Si sigue algunos de aquellos consejos, gestionará sus residuos de forma más sostenible y ahorrará dinero: incluso podría ganar más vendiendo cosas que ya no usa.

LAGOM también nos anima a no poseer más de lo que realmente necesitamos y a limpiar nuestros espacios vitales. Significa respirar más y scr más felices en nuestros hogares cuando realmente apreciamos lo que tenemos y lo que nos hace felices. Va de la mano con una sensación de libertad y paz: somos capaces de deshacernos de cargas innecesarias.

LAGOM nos invita a llevar una dieta sana y equilibrada sin prohibir nuestros manjares favoritos. Al contrario: comer LAGOM es disfrutar, también puede ser una tarta de nata, pero con moderación.

Últimas palabras

¿Qué es una vida sencilla? Es aprender a vivir y trabajar con la humildad de tener lo suficiente, pero no más de lo necesario. Es una forma de vida nacida de un ambiente ordenado.

Viva y trabaje solo con lo que le gusta y necesita. También se trata de crear un entorno en el que todo tenga un lugar, un propósito y una función. Diga sí a menos y no a más. Una vida sencilla es una liberación de nuestra cultura en muy poco tiempo.

Aprenda a vivir sin estrés. Todos experimentamos estrés. Cuidarse a sí mismo es una parte importante para disfrutar de una vida libre de tensiones.

Coma alimentos saludables, evite las cosas que le causan estrés y ansiedad, duerma lo suficiente, haga ejercicio moderado, medite con frecuencia, discuta sus problemas con personas que le aprecian, haga amigos útiles, ría con frecuencia y disfrute al menos de una cosa buena todos los días. Más pronto que tarde estará muy cerca de la implementación del concepto LAGOM.

Hacer frente al estrés y las complicaciones de la vida moderna puede ser difícil. Tómese un descanso de vez en cuando. Compre ropa nueva que realmente necesite, vaya al cine o haga algo que siempre haya querido hacer. Disfrute de su pasatiempo favorito. Si no tiene uno, trate de desarrollar uno. No se preocupe por las cosas pequeñas que solo necesitan un poco de atención. Aprenda a tomarse las cosas con calma cuando las cosas no salen según lo planeado.

Así es la vida. Aprenda el arte de aceptar lo inevitable. Trate de adoptar una actitud de "perdonar y olvidar". No guarde amargura en su corazón. Perdone a los que le lastimaron. Pida disculpas a las personas que lastimó. Recuerde que vivir sin estrés es un arte en el que debes trabajar constantemente.

######